DE BREST A PÉKIN

Expédition militaire de 1860

PARIS, LIBRAIRIE, — HUMBERT, IMPRIMEUR A MIRECOURT.

DE
BREST A PÉKIN

PAR LE CAP DE BONNE-ESPÉRANCE

Expédition militaire de 1860

RÉCITS ANECDOTIQUES ET CURIEUX

DÉDIÉS A L'ARMÉE ET AUX GENS DU MONDE

PAR

UN CHASSEUR DE VINCENNES

PARIS

CHEZ HUMBERT, LIBRAIRE-ÉDITEUR

Rue Bonaparte, 43.

—

1862

DE BREST A PÉKIN

Expédition militaire de 1860

I

Départ de Brest. — Enthousiasme des Chasseurs. — Imposant spectacle. — Le mal de mer. — Le roulis et le tangage. — Ténériffe. — Le pic vu du large. — Santa-Crux. — Son aspect. — Ses femmes. — Ses oranges.

Au mois de novembre 1859, le 2e bataillon de chasseurs à pied recevait l'ordre de se tenir prêt à partir pour la Chine, et il quittait Brest, le 17 décembre, à 8 heures du matin.

Ce qui suit n'est que le récit simple et vrai des évènements de chaque jour, que je raconte tels que je les ai vus et que j'ai pu les apprécier.

Nous laissâmes Brest derrière nous au cri mille fois répété de : « Vive l'Empereur ! » et le *Rhône*, qui nous transportait, avait gagné la haute mer dès le 17, à midi.

Je n'avais jamais vu l'Océan ; jusqu'alors ma vie s'était écoulée dans la monotonie prosaïque de la province, ou dans la fiévreuse atmosphère de l'existence parisienne. Un spectacle aussi grandiose ne m'avait point encore frappé, et quand la terre ne se présenta plus à mon esprit que comme un souvenir, l'immensité de la mer m'étonna.

Ces flots innombrables, ces horizons sans bornes, ne peuvent être comparés qu'à la puissance de Dieu.

Cependant nous faisions bonne route, ayant vent arrière, toutes voiles dehors et quatre fourneaux allumés. Je ne dirai rien de notre première journée de navigation ; ce fut le jour du mal de mer, ce mal aussi atroce qu'il est peu dangereux, et que je n'essayerai pas de caractériser, après la physiologie si vraie qu'en a faite M. Oscar Comettant.

Le 18, dans la journée, nous entrions dans les eaux du golfe de Gascogne, où nous trouvâmes une mer très-grosse, qui nous laissa sans avaries, après s'être contentée de nous régaler de roulis et de tangage, choses dont on se passerait assez volontiers, lorsqu'on n'est marin que depuis quarante-huit heures.

Nous ne tardâmes pas à apprendre que le lieu de notre prochaine relâche était l'île de Ténériffe, cette terre aux vins délicieux, dont le pic légendaire s'élève à une multitude de mètres au-dessus du niveau de la mer.

Il y avait donc cinq à six jours à peine, que

nous voguions sur le *perfide élément* (vieux style),
et c'était tout au plus si nous nous trouvions à la
hauteur de Gibraltar, que nous soupirions déjà
avec ardeur, après cette bienheureuse île, aux
produits précieux, où l'Espagnol paresseux s'endort
mollement étendu sur l'herbe, à l'ombre des
orangers.

Enfin, le 27, à huit heures du matin, juste dix
jours après notre départ de Brest, l'on signala la
terre à l'horizon ; à onze heures nous avions le
pilote à bord et, à midi, nous avions mouillé en
rade de Santa-Cruz, l'une des villes principales de
l'île, dont Lacuna est la capitale.

Un peu avant d'entrer dans la rade, nous avions
pu voir pendant quelques instants le sommet nei-
geux du pic, que le brouillard ne tarda pas à
dissimuler à nos yeux. De la rade on jouit d'un
ravissant coup d'œil : Santa-Cruz, qui étale coquet-
tement ses blanches maisons, bâties tout le long
de la plage, ressemble à une jeune fille aux sédui-
sants contours, qui se sèche au soleil au sortir
du bain.

Adossée à la côte, protégée à droite et à gauche
par des montagnes d'une grande élévation, cette
ville jouit d'une excellente position et se trouve
placée à l'abri de presque tous les vents.

En pénétrant dans Santa-Cruz, l'on est quelque
peu désenchanté : elle n'est habitée que par des
Espagnols, dont la paresse explique la misère ; les
rues sont sales et sans pavé, les animaux de
toutes sortes y circulent librement, et paraissent y

jouir de priviléges illimités. Les femmes du peuple, généralement laides, sont très-sensibles aux cadeaux qu'on leur fait.

Le général gouverneur de l'île habite Santa-Cruz. La garnison accueillit très-courtoisement les chasseurs français, et les soldats espagnols nous parlèrent beaucoup de la guerre que leur nation venait d'entreprendre contre le Maroc.

A Ténériffe on mangea des oranges, on fit de l'eau, on prit des vivres frais, et le 29 décembre, quarante-huit heures après notre arrivée, nous remîmes à la voile, pour ne plus nous arrêter qu'au cap de Bonne-Espérance.

II

Le pot-au-noir. — Passage de l'équateur. — Le baptême.
— Le Père la Ligne. — Détails grotesques. — Aspersions
générales. — Un mort à bord. — Impressions doulou-
reuses. — Un bal sur la dunette. — Valses et quadrilles.
— Théâtre en pleine mer. — Les loges de 1re dans les
hunes. —Les jeunes premières ont de la barbe.

Notre marche fut d'abord rapide ; peu après
notre départ, nous passâmes le tropique du Cancer,
et nous nous trouvâmes ainsi dans cette région,
dite du *pot-au-noir*, qui s'étend entre les deux
tropiques.

Le 1er janvier fut fêté par une double ration de
vin, que le commandant du bord fit distribuer à
cette occasion, aux chasseurs et à l'équipage.

Le 11 janvier au soir, nous étions sous la ligne,
que nous passâmes à la vapeur, et l'on se prépara,
dès cet instant, à la fête du baptême, qui devait
avoir lieu le lendemain.

Le 12, dès le matin, tout était prêt pour cette solennité grotesque, que les matelots ne voudraient omettre pour rien au monde, prétendant sérieusement que, sans sa célébration, le voyage ne serait pas heureux.

L'on disposa donc, à cet effet, de grandes bailles pleines d'eau, ainsi que les pompes, qui furent sournoisement mises en réserve. Tout le monde reçut son ablution, depuis les officiers supérieurs jusqu'aux simples soldats. C'était un vieux matelot, habillé je ne sais trop comment, et s'étant momentanément donné le nom de *Père la Ligne*, qui administrait, avec une dignité et une onction comiques, le baptême de l'équateur.

Après que ce baptiseur de nouvelle espèce eût officié, les pompes recommencèrent à jouer, et bientôt tout ce qui se trouva sur le pont fut trempé jusqu'aux os.

Malheur à celui qui cherchait à se soustraire frauduleusement à l'immersion générale ! Il était cherché, pris et garotté par les apôtres du *Père la Ligne*, déguisés en gendarmes, et on le trempait dans l'eau de mer jusqu'à ce qu'il eût suffisamment expié son crime.

Je n'insisterai pas davantage sur ce divertissement nautique, qui n'est pas toujours de bon goût, quoiqu'il soit consacré par l'usage ; tout cela n'est, en somme, qu'une sorte de mascarade de matelots, qui, ce jour là, ont à bord des priviléges inusités.

Jusqu'alors, nous n'avions eu que peu ou point de malades ; mais après le passage de la ligne, les indispositions se multiplièrent, quelques maladies s'aggravèrent, et le 14 nous perdîmes un homme. L'impression générale fut une impression pénible, presque douloureuse, et lorsqu'au branle-bas du soir, l'on vit le corps lancé à la mer, par le grand sabord de tribord, des larmes furtives s'échappèrent des yeux de quelques-uns ; c'étaient là les larmes de l'éloignement, accordées, involontairement sans doute, au souvenir de la patrie que l'on a quittée, à celui des affections de famille, et à la pensée d'une mère, que peut-être, l'on ne reverra plus !

En moins de vingt-cinq jours, nous eûmes à regretter la mort de six des nôtres ; jusqu'au Cap ce fut tout.

Cependant, l'on cherchait à distraire les soldats des pensées noires, par tous les moyens possibles. Le dimanche, à deux heures de l'après-midi, l'on rappelait à la fanfare, qui montait aussitôt sur la dunette, où elle jouait des quadrilles et des valses à grand orchestre. Les danseurs ne manquaient pas ; une infinité de couples se précipitaient, au premier signal, dans l'espace réservé, et l'on pouvait contempler gratuitement, pendant deux heures, le spectacle amusant d'une danse furibonde, émaillée de sauts et de poses éminemment burlesques. C'était là de la haute fantaisie, qui fait entièrement défaut à la Terpsichore parisienne, grâce aux leçons de morale de MM. les municipaux.

L'habitude de cette récréation dominicale se

conserva à bord, où elle ne fut jamais omise depuis le jour de son inauguration.

Le *Rhône* possédait aussi une troupe dramatique, qui, à défaut de talent, avait beaucoup de bonne volonté.

Lorsque le temps le permettait, l'on élevait le jeudi et le dimanche, une tente multicolore près du cabestan d'arrière, presque au pied du grand mât; c'était le théâtre. Les premières places, les bancs, les chaises, en un mot les stalles d'orchestre de l'endroit, étaient réservées aux officiers et aux soldats malades. Le reste des spectateurs, au nombre de 700 à 800, se perchaient, comme ils pouvaient, dans les cordages, dans les haubans, dans les hunes, et formaient presque une voûte humaine, au-dessus de la tête des privilégiés du parterre.

Les pièces jouées étaient généralement empruntées au répertoire grivois du Palais-Royal, et auraient été assez convenablement interprétées, n'eussent été les interruptions du souffleur, qui lançait presque à haute voix des phrases entières.

Malgré ces imperfections, je peux certifier que jamais première représentation d'une œuvre de mérite, n'a été plus chaleureusement applaudie, que ces créations douteuses de génies contestables.

Le *Demi-monde* de Dumas fils, ou les *Faux Bons hommes* de Barrière, n'ont pas reçu d'ovations pareilles.

Inutile d'ajouter que, parmi nos accessoires, nous n'avions pas de diamants de Golconde ou de Visapour, que nos jeunes premières avaient des moustaches, et que l'on faisait moins de frais de décors que le directeur de la Porte-Saint-Martin.

Après comme avant le passage de la ligne, nous eûmes des grains fréquents, communs dans ces parages ; l'équateur une fois passé, les vents contraires nous éloignèrent de notre route, et nous poussèrent pendant plusieurs jours du côté du sud-ouest, vers l'Amérique du sud.

III

A 400 lieues du Cap, nous trouvâmes une mer
très-grosse ; la houle était si forte, qu'avec de la
bonne volonté l'on pouvait se figurer, à peu près,
ce que doit être une tempête. L'une de ces journées de gros temps fut marquée par un incident
dont l'issue faillit être tragique : nous étions tous
sur le pont, en train de regarder les vagues bon-
dir, lorsque nous entendîmes tout à coup le cri de:
« Un homme à la mer ! » On se précipita vers le
bord d'où partait le cri, et tout le monde vit alors
un matelot, que le navire avait déjà laissé en
arrière d'environ 500 mètres, luttant avec énergie
contre les flots qui, à chaque instant, semblaient
devoir l'engloutir. Mettre en panne, couper la

corde de la bouée de sauvetage et lancer un canot à la mer, tout cela fut l'affaire de quelques secondes. Les marins se disputent, à l'envi, le périlleux honneur de sauter dans le canot sauveur ; le maître d'équipage, un enseigne et plusieurs aspirants se précipitent aussi et donnent l'exemple du mépris du danger. Cependant, le matelot luttait toujours avec un courage désespéré, et au moment où il commençait à faiblir, il put atteindre la bouée.

Que dirai-je de plus ? Le canot, habilement dirigé, arrive jusqu'à l'homme qui se noie, et le ramène à bord, malgré les flots et les lames furieuses, qui le lançaient en l'air, comme un jouet d'enfant.

Dans cette circonstance, officiers et marins firent plus que leur devoir : en exposant leur vie pour en sauver une autre, ils donnèrent des preuves de vigoureuse énergie.

Depuis plusieurs jours déjà, nous nous entretenions de notre prochaine arrivée au Cap ; enfin le 9 février, à quatre heures du matin, la terre fut signalée à l'horizon et, les feux allumés, nous entrions à midi, sans pilote, en rade de Cape-Town (cap de Bonne-Espérance). Du mouillage où nous nous trouvions, l'on avait sous les yeux un magnifique panorama : la ville aux maisons blanches, située dans une sorte d'anse formée par les deux montagnes qui la protégent à droite et à gauche ; derrière la ville et sur son prolongement, une échappée de vue qui repose agréablement l'œil par l'aspect de ses masses verdoyantes, et, devant soi, la rade couverte de navires dont les mâts s'élèvent à perte de vue, balançant fièrement sur leur cîme le pavillon national.

L'attitude de l'escadre française expéditionnaire, mouillée presque tout entière devant Cape-Town, était véritablement superbe et en voyant, loin de la patrie, flotter si haut nos trois couleurs, l'on ne pouvait s'empêcher de ressentir un légitime mouvement d'orgueil !

La montagne, ou plutôt le pic, qui s'élève à droite de la ville, vue de la rade, présente à son sommet des accidents de terrain de formes diverses, dont l'ensemble figure (en y mettant toutefois de la bonne volonté) l'attitude couchée d'un lion gigantesque, dormant majestueusement, le cou allongé sur ses pattes de devant.

C'est là ce que l'on appelle le Lion du Cap.

La montagne que l'on remarque en face du *lion*, à gauche de la ville, est désignée sous le nom de montagne de la Table. On la nomme ainsi à cause de l'étendue et de la surface unie du plateau qui la termine. On a observé que à chaque fois que, la Table était cachée par le brouillard, il s'élevait vent violent qui n'était pas sans danger pour les navires en rade ; aussi, en faisant allusion à la Table, les marins disent souvent à la vue de ce brouillard : « Gare dessous, on a mis la nappe ! »

Comme étendue, Cape-Town peut être assimilée à une de nos villes de second rang, mais je ne crois pas que sa population soit en rapport avec son étendue. Les rues sont propres, larges et bien alignées ;

presque toutes les maisons sont neuves, parfaitement bâties, et de trois étages d'élévation ; quelques-unes en ont quatre et cinq, mais elles sont en petit nombre ; il y a beaucoup de magasins de nouveautés-et d'articles de luxe qui viennent de Paris en ligne droite. Il y a aussi des restaurants et des hôtels à Cape-Town. Il est de toute justice de dire que dans ces établissements on est fort mal servi pour beaucoup d'argent.

J'ai remarqué le musée de la ville, dont l'architecture monumentale m'a semblé prétentieuse et lourde. Le jardin public, situé tout à fait au pied de la Table, est bien entretenu, et ses allées ombreuses sont de délicieuses promenades pendant les chaleurs de l'été. La caserne anglaise forme presque l'un des côtés d'une grande place rectangulaire à surface inégale et couverte de matériaux de construction de toutes sortes. Le 59e régiment anglais l'occupait à l'époque de notre passage au Cap ; les soldats de ce corps recevaient parfaitement les Français, qui couchaient, sans plus de façon, au quartier du 59e, lorsque le soir la rade se trouvait trop mauvaise pour rejoindre sans danger leurs bords respectifs.

La population de Cape-Town est un mélange impossible, formé d'éléments divers, mais où les honnêtes gens se trouvent en imposante minorité. Filous américains, Anglais tarés, exilés espagnols, fripons cosmopolites, voilà, à très-peu de chose près, la société que l'on rencontre à cette extrémité sud de l'Afrique.

J'ai vu peu de Français au cap de Bonne-Espérance ; il paraît cependant que plusieurs s'y sont primitivement établis ; mais un seul a fait fortune ; c'est un nomme Larribal qui vint dans ce pays-là, il y a une dizaine d'années, avec une malle pleine de savates et 100 fr. de capital ; il a aujourd'hui une magnifique habitation, un très-beau magasin de chaussures et, ce qui vaut mieux, plusieurs centaines de mille francs.

L'individu qui me fournit ces détails était un pauvre garçon de vingt-sept à vingt-huit ans, que je rencontrai sur le port ; il me dit être natif du Puy-de-Dôme et avoir fait naufrage sur la côte du Cap avec un navire marchand américain, à bord duquel il s'était embarqué comme passager.

C'est ce naufragé qui me raconta l'anecdote suivante. Quelques jours avant notre arrivée, l'un des transports français de l'escadre expéditionnaire de Chine entra dans la rade et vint au mouillage assez près de la ville ; ce transport n'avait que quatre canons et ne devait pas, par conséquent, le salut, que l'on ne peut exiger que d'un navire ayant au moins dix canons ; donc il ne salua pas.

De là, grand émoi parmi les habitants noirs et blancs de Cape-Town, qui, ayant eu connaissance des complications survenues entre la France et l'Angleterre à la suite des affaires d'Italie, se figurèrent que l'on venait les assiéger ou tout au moins les bombarder un peu. L'attitude pacifique du navire, et les explications que son commandant donna au gouverneur, ne les contentaient pas encore et ils ne furent complètement rassurés, qu'après l'arrivée d'une frégate de cinquante canons qui en entrant en rade, envoya dans les formes le salut réglementaire.

Les deux tiers de la population de la ville sont noirs ou métis; on y voit des négresses et des femmes de sang mêlé, qui sont singulièrement belles; elles vont tête nue, admirablement coiffées par leurs magnifiques cheveux et portant avec une provoquante désinvolture leur robe d'indienne aux couleurs éclatantes.

Quoique sujettes de l'Angleterre, ces dames, en général ne sont pas quakeresses, et se sont montrées excessivement complaisantes pour les soldats français.

J'ai assisté à une représentation théâtrale au cap de Bonne-Espérance; la salle était assez grande, les décors convenables et les actrices jolies. Quant au mérite de la pièce et à celui des artistes, il m'a été impossible d'en juger : je connais trop peu l'anglais. Tout ce que j'ai pu comprendre, c'est que les spectateurs applaudissaient avec un frénétique enthousiasme, en frappant sur les banquettes à grands coups de pied.

A Cape-Town, nous avons mangé de très-bons fruits, surtout des poires délicieuses et de magnifiques muscats dorés.

IV

Une tempête en rade. — Le *Rhône* perd son ancre de babord.
— L'on repêche une ancre américaine. — Deux cents
hommes vont périr. — Un navire anglais les recueille.
— Le lieutenant de Montille. — Le vin du cap. — Un
coup de soleil. — Départ. — Les albatros. Les îles Saint-
Paul et d'Amsterdam. — Calme plat. — Java.

La rade du Cap est belle, mais elle offre peu de
sûreté aux navires. A partir du 6 ou du 7 mars de
chaque année, époque où commence la saison d'hiver, il est peu prudent d'y mouiller; les gros temps
ne sont pas rares dans cette rade, où les plus forts
navires sont forcés de chasser sur leurs ancres.
Pendant notre station de seize jours devant Cape-
Town, et quoique nous ne fussions encore qu'au
mois de février, j'ai pu voir par moi-même combien
la rade était peu sûre; une après-midi, entre autres,
le vent s'éleva si violent du côté de terre, que la
chaîne de notre ancre de babord se rompit et que

nous la perdîmes; ce fut en vain que l'on dragua pendant plusieurs journées consécutives pour tâcher de la ravoir; on ne repêcha qu'une petite ancre américaine, perdue depuis longtemps sans doute, et recouverte d'une épaisse couche de coquillages; faute de mieux, l'on se contenta de cette trouvaille et l'on dut renoncer à l'espoir de rattraper notre ancre perdue.

Le même jour, nous faillîmes voir périr deux cents de nos camarades, de la manière la plus malheureuse; voici comment: A la suite d'une revue passée à bord par le brave général Jamin, il fut décidé que tous les chasseurs du bataillon iraient successivement à terre, compagnie par compagnie. Ce jour-là, les 1er et 3e compagnies étaient descendues : surpris en ville par le mauvais temps, le capitaine qui commandait le détachement, ne croyant pas le danger sérieux, ne voulut pas céder aux représentations qui lui furent faites et ordonna le rembarquement des chasseurs; les deux compagnies se trouvaient entassées sur un chaland à fond plat, remorqué par deux chaloupes et n'offrant aucune sécurité contre la grosse mer. A peine les embarcations dont je parle avaient-elles quitté la jetée, que de lames énormes déferlant avec furie contre les bords du chaland, le remplissent d'eau en peu d'instants. La terreur s'empare alors de l'esprit des plus faibles, tandis que leurs compagnons, plus calmes rejetaient l'eau avec leurs mains, leurs souliers, leurs chapeaux de paille. Un instant, le danger fut si grand, que l'on entendit une voix prononcer ces paroles sinistres :

« Tout est perdu nous coulons ! » La vérité est qu'ils avaient de l'eau jusqu'au genou.

Les chaloupes ne pouvaient plus rien contre des vagues de plus en plus furieuses, et ce fut alors qu'elles quittèrent le malheureux chaland, pour aller demander du secours à un navire anglais démâté, qui se trouvait en réparation à quelque distance.

Voilà donc les deux cents chasseurs, allant à la dérive, au gré des vents et des flots ; plusieurs fois, leur embarcation faillit s'anéantir, en venant se heurter contre les. brisants. Enfin , après deux heures d'attente, qui parurent plus longues que deux siècles, le navire anglais envoya une corde que l'on atteignît, et au moyen de laquelle tout le monde put successivement se hisser à bord. Le lendemain, la mer étant plus calme, le *Rhône* envoya chercher nos naufragés, qu'on nous ramena encore trempés de la veille, et complétement dégoûtés des promenades en chaland.

L'on doit à M. de Montille, alors sous-lieutenant à la 1ʳᵉ compagnie, de n'avoir eu à déplorer la mort de personne ; cet officier, froid et intrépide au milieu des dangers qui l'entouraient, a maintenu l'ordre, si précieux en pareille circonstance, par ses paroles énergiques et son invincible fermeté.

Le vin du Cap est très-capiteux. Quelques-uns de nos troupiers, un peu trop cousins de Noé, firent comme lui et se grisèrent ; ils appelaient cela *attraper un coup de soleil.*

Enfin, tout était prêt pour le départ ; le vin et

les vivres frais étaient achetés, on avait fait de l'eau et il ne restait plus qu'à appareiller.

Le 25 février, à midi, l'on alluma les feux; une demi-heure après on levait l'ancre, et à quatre heures nous étions hors de la rade. Le prochain lieu de relâche était Singapore, dans l'archipel de Malacca.

Jusqu'au 8 mars, nous eûmes beau temps et bon vent; après cette date, les vents contraires nous jetèrent un peu dans le sud. Ce fut vers cette époque que les officiers prirent deux albatros, au moyen d'un hameçon qu'ils faisaient passer par-dessus le bord d'arrière. Ces palmipèdes sont de toute beauté et ne mesurent pas moins de trois mètres d'envergure.

Le 23, nous passâmes en vue des îles Saint-Paul et d'Amsterdam; nous rangeâmes de très-près cette dernière, qui ne me parut être qu'un rocher désolé, perdu dans la mer des Indes. Après l'île d'Amsterdam, le temps fut très-variable et notre marche assez peu régulière; à soixante lieues du détroit de la Sonde, nous trouvâmes un calme plat qui nous laissa trois jours sur place, après quoi le commandant du bord donna l'ordre d'allumer les feux. Le lendemain matin, après vingt-quatre heures de navigation à la vapeur, nous étions en vue de l'île de Java.

Java, Sumatra, l'île des Princes, Banca! voilà des noms qui me rappelleront longtemps des régions comme il n'est pas donné souvent à un Européen d'en voir. C'est sur ces côtes, que l'on peut s'extasier devant la végétation luxuriante de ces contrées tropicales, dont la terre vierge est si généreuse, si prodigue, en comparant ses produits, aux fruits avortés du sol épuisé de notre vieille Europe.

V

Une fois que nous eûmes doublé la pointe sud de Sumatra, et que nous fûmes entrés dans le détroit de la Sonde, notre navigation devint des plus intéressantes. Nous avions toujours la terre à droite et à gauche ; nous pouvions à loisir nous rassasier la vue de l'aspect enchanteur des côtes, et tout, jusqu'aux longues pirogues malaises qui sillonnaient le détroit, contribuait à nous faire oublier les ennuis d'une traversée longue et monotone. Ce fut la sonde à la main, que l'on entra dans ce dangereux archipel, dont la mer a très-peu de profondeur en certains endroits, et où les bancs de sable et les rochers à fleur d'eau se trouvent en grand nombre.

Le commandant Picard, dans ce passage difficile, fit preuve d'une science nautique et d'un sang-froid exceptionnels ; il ne ralentit pas la marche du navire, n'hésita jamais dans les directions à prendre quand il se sut dans le voisinage d'un danger, et donna hardiment dans les passes ; il mouilla, un soir seulement, ne voulant pas s'engager de nuit à l'entrée du détroit de Banca.

Près de Banca, et à environ soixante lieues de Singapore, nous rencontrâmes le *Laplace*, corvette de guerre à vapeur, qui était là au mouillage, attendant les navires à voiles de l'expédition pour les remorquer ; cette corvette était en Chine depuis trois ans. Le capitaine de vaisseau qui la commandait vint à notre bord serrer la main à M. Picard, et regagna le *Laplace* après avoir dit à nos officiers que nous étions impatiemment attendus en Chine, où on ne nous laisserait pas inoccupés.

Les deux équipages se saluèrent ; notre fanfare monta sur le pont et exécuta quelques marches brillantes. A peine avait-elle fini de jouer que le cri de : « Vive l'Empereur ! » répété par deux mille bouches, partit spontanément des deux bords. Soldats et matelots, montés sur les vergues et dans les haubans, agitaient leurs chapeaux de paille, en envoyant à la côte de Banca ce cri patriotique, enthousiaste expression de nos vœux les plus chers !

Enfin, le 16 avril au matin, cinquante-deux jours après notre départ du cap de Bonne-Espérance, nous entrions à la vapeur en rade de Singapore. Nous mouillâmes assez loin de la ville, ce qui n'empêcha pas qu'avant même d'avoir jeté l'ancre, nous nous trouvâmes entourés d'une nuée d'embarcations de toutes formes et de toutes grandeurs, montées par des Indiens et par des Chinois. Les premiers nous offraient des bananes, du tabac, des cocos et des ananas ; les derniers, des chapeaux de paille, des blouses, des pantalons, des couteaux, de petites glaces et mille chinoiseries semblables. En un instant, le pont fut couvert de marchandises de toutes sortes, et l'on eût pu facilement se croire au milieu d'une de ces foires en plein vent, comme on en voit dans nos bourgs de France.

Nous avions de tout à bord, jusqu'à des côtelettes rôties, qu'un restaurateur des plus noirs avait apportées en abondance, et qu'il nous vendait au prix de 40 centimes la pièce ; c'est le même praticien qui, pendant le temps de notre relâche, nous a apporté chaque jour de la glace au sirop d'ananas, qui, pour ne pas sortir du laboratoire d'un glacier parisien, n'en était pas moins bonne. L'on vendait les ananas un sou, les cocos dix centimes, et tous les fruits à l'avenant. Je ne pouvais m'empêcher de sourire, en mangeant à mon dîner un morceau de lard arrosé de vin du Cap et accompagné d'un ananas pris pour dessert ; je me disais qu'en France l'on dîne mieux, lorsqu'on peut se passer un dessert pareil.

Rien d'aussi curieux, ou plutôt d'aussi burlesque, que nos troupiers après la relâche de Singapore; on les voyait presque tous sur le pont, le cigare de Manille aux lèvres, ou bien la petite pipe indienne au long tuyau de bambou, se promener gravement, affublés d'immenses chapeaux chinois, les plus comiques qu'ils avaient pu trouver, et chaussés de souliers pointus, ni plus ni moins que les mandarins de S. M. l'empereur du Céleste-Empire.

Les Chinois, avec leur large pantalon bleu, leur longue tunique blanche, ressemblent plus à des femmes qu'à des individus de notre sexe. Dans le commencement, quand ils venaient à bord, nos chasseurs les prenaient sérieusement pour des *marchandes*, et cette erreur donna lieu à quelques quiproquos assez drôles.

Quant à Singapore, c'est une jolie ville bien bâtie et des plus commerçantes; placée presque sous l'équateur, son climat néanmoins n'est pas trop malsain, et la vie n'y est pas chère. La rade de Singapore est sûre et très-fréquentée; c'est un riche comptoir pour les Anglais, qui y entretiennent une petite garnison de cipayes. Placé comme point d'observation entre les possessions espagnoles et hollandaises, Singapore peut servir efficacement quelque jour la politique envahissante de l'Angleterre, qui ne voit pas sans jalousie, la prospérité croissante des colonies néerlandaises, et la paisible possession des Philippines, par Sa Majesté Catholique.

Lorsque le commodore sir Raffles fonda ce comptoir, en 1814, sur ce point inhabité et à peu près
inconnu de la presqu'île de Malacca, il fit preuve
d'une sagacité profonde, et traça peut-être à sa patrie une route pour de nouveaux agrandissements.

Singapore est plus vivant, plus remuant, en un
mot plus marchand que le Cap ; c'est un port franc:
tout y entre sans contrôle et en sort de même.

On compte à peine quelques milliers d'Européens à Singapore, où ils habitent un quartier
séparé, bâti sur une hauteur, et que l'on recon-
naît facilement à son luxe et à sa propreté ; les
deux tiers des habitants sont de la race indienne
cuivrée, l'autre tiers est chinois. Les Indiens que
j'ai vus, vont presque nus, ne portant qu'un énorme
turban blanc et une ceinture écarlate autour des
reins, la plupart ont des anneaux d'argent aux
mains et aux doigts de pied. Ce sont généralement
des hommes magnifiques, aux traits réguliers, à
l'œil fier, à la taille vigoureuse. On croirait, à les
voir debout sur l'avant de leur barque, que ce
sont des statues de bronze antique. Le gros commerce, le commerce sérieux de Singapore est généralement fait par les Chinois, qui jouent dans cette
ville le même rôle que jouaient au moyen âge les
Juifs dans nos villes d'Europe, où ils avaient le mo-
nopole de toutes les transactions commerciales. Les
commerçants chinois sont doux, polis, laborieux ;
mais je les crois fins et dissimulés, ce qui me porte
à penser que leur politesse est tout simplement
de la crainte.

Quant aux Indiens qui venaient nous vendre des fruits, ils étaient d'une franchise et d'une probité excessives; si, par hasard, il arrivait à quelqu'un de leur donner une pièce de monnaie en trop, ils ne cessaient de le chercher sur le pont que lorsqu'ils lui avaient remis son argent ou l'équivalent en marchandises. En cela, ils différaient essentiellement des nègres du Cap, qui sont bien les plus ignobles coquins que j'aie jamais connus.

VI

Enfin, après six jours de relâche et le *Rhône*
étant suffisamment approvisionné, l'ordre d'allumer
les feux fut donné, et le 22 nous prîmes le large.

Le 22 et le 23, nous passâmes en vue de *Pulo-
Condore* et de *Pulo-Sapata*, qui ne sont que deux
rochers stériles, pittoresquement placés au milieu
de la mer de Chine ; les calmes plats sont, en quelque sorte, permanents dans ces mers, qui n'ont
guère été fréquentées jusqu'à ce jour que par de
petites jonques et des bateaux pêcheurs.

Le 29, nous prîmes un requin qui, depuis plusieurs heures, suivait le navire à babord derrière ;

il était encore jeune et ne pesait pas plus de 150 livres; on dépeça le monstre, qui, malgré le goût huileux de sa chair, fut mangé par les chasseurs et par l'équipage.

Ces petits incidents, nous faisaient oublier les ennuis d'une traversée si longue, en donnant de l'intérêt à la monotonie même d'une navigation sans fin.

Jusqu'ici, j'ai peu parlé des récréations du bord: je n'ai pas dit que les cartes, le domino, les *dames* et le *loto* étaient en grand honneur ; il n'était pas jusqu'au jeu de bilboquet qui n'eût de fervents adeptes, et tout chasseur se fût cru déshonoré s'il n'eût pas eu, pendue à la ceinture, une magnifique boule percée.

Le 2 mai, à midi, nous jetions l'ancre dans la rade d'Hong-Kong, dont l'entrée m'a paru être d'un accès très-difficile et susceptible d'être défendue avec succès. Hong-Kong est bâti en amphithéâtre, sur le versant de la côte qui descend en pente roide jusqu'à la mer. Le quartier européen est opulent et luxueux ; la ville chinoise est misérable et sordide. Là, on commence à se sentir en pleine Chine, à dix lieues de Canton et à peu de distance de Macao. A Hong-Kong, le palanquin est la calèche des riches de l'endroit, qui cultivent volontiers l'éventail et le parasol de soie.

Il y a dans la rade toute une population d'indigents, dont la fortune consiste en une mauvaise petite barque, dans laquelle ils naissent, souffrent et meurent.

A l'heure des repas, le bord était entouré d'une foule de ces malheureux, qui pêchaient avec avidité les débris de biscuit que l'on jetait à la mer avec les ordures.

Les lois anglaises sont très-rigoureuses à l'égard des indigènes, et je n'ai jamais vu autant de forçats qu'à Hong-Kong. Cette île doit produire fort peu, mais c'est une vaste place de commerce, en même temps qu'un poste avancé d'où l'Angleterre menace continuellement le Céleste-Empire. Pendant le temps de cette relâche, les Chinois ne venaient guère nous vendre à bord que des poules et des œufs, qu'ils nous livraient à des prix très-modestes.

Le 13 mai, après onze jours de station, nous appareillâmes et nous fîmes route vers Woo-sung, gros village à quatre lieues de Shang-haï, à l'embouchure du Wan-pou. Rien d'intéressant à signaler, pendant les six jours que nous mîmes à nous rendre à cette destination, où nous arrivâmes le 19 mai, après avoir jeté l'ancre dans l'eau douce du fleuve.

Notre relâche à Woo-sung dura douze jours, rendus aussi longs que douze siècles par la fatigue de la vie de bord, qui nous devenait de jour en jour plus insupportable. Un jour pourtant, nous eûmes un instant l'espoir de quitter le *Rhône*. C'était le 22 ou le 23 mai, vers cinq heures de l'après-midi, lorsqu'on reçut inopinément l'ordre de déballer les armes, et de se tenir prêts à débarquer au premier signal; l'on nous équipa donc immédiatement et l'on passa la nuit presque entière en préparatifs.

Le lendemain matin nous trouva tous gais et pleins d'espoir; les sacs étaient faits, les armes montées et nettoyées, les vivres distribués; il ne nous restait plus qu'à descendre. Le bruit courait que des insurgés chinois, après avoir battu les troupes impériales et saccagé Nankin, marchaient sur Shanghaï, d'où ils n'étaient plus qu'à trois ou quatre lieues. J'ignore encore ce qu'il pouvait y avoir de vrai dans ce bruit; toujours est-il que notre espoir d'aller à terre ne tarda pas à s'évanouir, quand nous vîmes lever la consigne, qui pendant deux jours, avait sévèrement retenu tout le monde à bord.

Quatre cents hommes d'infanterie de marine étaient arrivés la veille à Shang-haï, sur la frégate à voiles la *Forte*, et il est à supposer que le général trouva ces forces suffisantes pour parer à toutes les éventualités.

Depuis longtemps déjà, l'on désignait la presqu'île de Tcheou-fou, dans le golfe de Pé-tchi-li, comme lieu de débarquement pour toutes les troupes du corps expéditionnaire.

C'était là la terre promise, après laquelle nous courions depuis bientôt six mois, à grand renfort de *perroquets* et de *catacois*! Enfin, le 1er juin, nous appareillâmes et nous quittâmes Woo-sûng avec six autres navires chargés de troupes, pour gagner les eaux du golfe.

Le 6 juin, nous arrivions à destination et nous recevions l'ordre de nous tenir prêts à débarquer pour le surlendemain. Le 8, dès une heure du matin, nous étions tous, sac au dos, sur le pont, frémissant d'impatience, en attendant l'instant de mettre le pied dans l'embarcation qui, du plancher du navire, allait nous transporter sur le plancher des vaches. L'opération du débarquement, commencée à trois heures, était complétement terminée à huit; à dix heures, les troupes étaient campées et la soupe mangée; à midi, celui qui aurait vu ce camp de cinq mille hommes, aurait facilement pu croire qu'il était établi depuis plusieurs mois.

Toutes les forces expéditionnaires n'étaient pourtant pas encore réunies, et on les attendait pour gagner l'embouchure du Peï-ho, dont nous n'étions guère qu'à soixante lieues, et où l'on nous promettait toutes sortes de lauriers à conquérir.

VII

Le terrain qui forme la presqu'île de Tcheou-
fou, où nous étions campés, est un mamelon conique,
d'une assez grande élévation, terminée en pointe
aiguë, et dont je ne saurais mieux comparer la
forme, qu'à celle d'un chapeau chinois. L'isthme
qui relie cette terre au continent est tellement
étroit, que le front d'un régiment dont les hommes
seraient alignés sur deux rangs, coude à coude, en
occuperait facilement toute la largeur. C'est là une
position admirable, imprenable pour des troupes

européennes, et à plus forte raison pour des Chinois, qui, du reste, ne l'auraient pas essayé. C'est ici le lieu de dire que la ville de Yuen-Taï a été prise et occupée sans coup férir:

Le jour du débarquement, les habitants venaient dans l'eau jusqu'à la ceinture et nous transportaient au rivage sur le dos ; c'était à qui d'entre eux serait le plus empressé. Toute prévention mise à part, les Chinois m'ont paru posséder un assez haut degré de civilisation ; leurs industries sont florissantes, leurs monuments fort beaux, leurs écoles nombreuses. Si ce peuple-là avait une armée et une marine, je suis à me demander ce que nous serions venu lui apprendre.

Yuen-Taï est une ville d'environ vingt mille âmes, dont les rues sont étroites et assez mal percées. Je n'ai remarqué que la pagode, édifiée très-original, où j'ai pu voir des sculptures d'une grande délicatesse de travail et d'un fini admirable ; à la pagode, l'on avait installé un poste français et les bureaux de la place.

Le général Jamin, qui commandait en l'absence de M. de Montauban, dont le quartier-général était encore à Shang-haï, avait fait établir un marché qui se tenait quotidiennement entre le camp et la ville ; ce marché était parfaitement approvisionné et l'on y trouvait toutes choses à de très-bas prix.

La volaille avait toujours les honneurs de la préférence, et il n'était pas un troupier qui ne mangeât chaque jour sa part d'une poule ou d'un coq ; je dis d'un coq, parce qu'à Yuen-Taï l'on ne connaît pas, que je sache, l'art de faire les chapons.

Il y a en Chine une liqueur très-violente, extraite du riz et du sorgho, connue sous le nom de *Soun-chou*, que nos vieux soldats buvaient sans trop se faire prier, mais qui fut interdite comme boisson trop énivrante. J'allais oublier de parler de la monnaie de billon chinoise, qui a la forme et le diamètre de nos anciens liards ; ces pièces sont faites d'un mélange de cuivre et de zinc ; elles ont toutes, au centre, une ouverture quadrangulaire, par laquelle on les enfile, de manière à en former d'énormes colliers. La valeur d'une de ces pièces est d'environ un demi-centime. Au change, nous en avions 1000 pour une piastre mexicaine de 5 fr. 37 c. Ces espèces de sous portent le nom de *sapèques*.

Lorsque nous achetions quelque chose à un Chinois et que nous ne lui donnions pas le nombre de sapèques qu'il demandait, il répétait continuellement : « *Poutaou-benna ! Poutaou-benna !* » ce qui fait que les soldats appelaient les Chinois, des *Poutaou-benna*, absolument comme ils appellent les Turcs des *Ioc*, et les Anglais des *Goddem*.

De leur côté, les indigènes ne nous connaissaient que sous le nom de : *Dis donc combien ?* parce qu'en faisant un marché avec eux, l'on ne cessait de leur adresser cette question. Lorsqu'on passait près de leurs étalages, ils nous interpellaient par d'innombrables : « *Dis donc combien ? dis donc combien ?* »

Cependant, le général commandant en chef le corps expéditionnaire était arrivé de Shang-haï. Les chevaux destinés au service de l'artillerie, et de la remonte sont débarqués, les emmagasinements sont faits, les petits dépôts établis, et l'armée n'attendait plus qu'un ordre pour se rendre à l'embouchure du Peï-ho. Cet ordre ne se fit pas longtemps attendre, et, le 24 juillet, les différents corps se rembarquèrent pour gagner cette nouvelle destination. Le 26, l'ordre d'appareiller fut donné à l'escadre entière, qui était en pleine mer dès midi. C'était réellement un magnifique spectacle, que ces quarante navires de guerre, de toutes grandeurs, fendant majestueusement les flots à petite vapeur, le pavillon français flottant fièrement à leur corne d'artimon !

Le trajet n'était pas long, et la traversée fut heureuse. Le 1er août, nous prenions place sur des jonques chinoises dont on s'était emparé à cet effet, et, remorqué par la chaloupe canonnière la *Dragonne*, le 2e bataillon de chasseurs touchait terre vers trois heures de l'après-midi. Ce n'était plus là la baie de Tcheou-fou, avec ses plages sèches et ses bordures verdoyantes, mais une plaine de boue vaseuse, s'étendant à perte de vue et dans laquelle on enfonçait jusqu'aux genoux. Sur la rive, pas une âme vivante, pas une plante, pas une trace de végétation ; çà et là seulement, quelques tumuli isolés semblaient nous rappeler que tout ce qui vit est créé pour mourir ; c'était bien réellement l'image vraie de la désolation.

Pour comble de malheur, l'on ne trouvait partout que de l'eau salée, ou tellement saumâtre, qu'il était complétement impossible de l'employer à n'importe quel usage.

Cependant, l'on s'attendait à la résistance de la part des troupes que l'on supposait se trouver dans le fort de Peh-tang, au pied duquel nous avions débarqué ; à première vue, ce fort paraissait imprenable et nous présentait une ligne respectable de bouches à feu. Malgré tout cela, l'on bivouaqua tranquillement sur une mauvaise route, où la fatigue ne tarda pas à nous endormir tous. Nous en étions au premier sommeil, lorsque le cri : « Aux armes! » retentit sur toute la ligne de bivouac du 2e chasseurs. Il était environ minuit, et cinq cavaliers tartares en reconnaissance, trompés par l'absence de feux, étaient venus se heurter presque contre nos faisceaux. L'on fut vite sur pied, les carabines s'armèrent et l'on allait faire feu, lorsqu'une voix fit entendre ces mots : «Prenez garde, ce sont des Anglais! » Alors les armes s'abaissèrent et ce fut une faute, car les cavaliers tartares tournèrent bride, et nous vîmes alors que nous avions eu affaire à des ennemis que nous tenions en notre pouvoir, et que notre hésitation sauvait.

VIII

Le lendemain, c'est-à-dire le 2 août, nous entrions à Peh-tang sans éprouver la moindre résistance, Peh-tang est une grosse bourgade chinoise, que le passage des Français a ruinée pour longtemps; sa position sur la mer et sur le Peh-tang lui donne une assez grande importance commerciale, autant qu'il m'a été possible d'en juger par le nombre de jonques échouées et par les richesses qui, à notre arrivée, y restaient encore.

C'est, du reste, un affreux séjour, un amas de boue, un labyrinthe de rues puantes, où un Français ne voudrait rester pour rien au monde. Le fort est en torchis ; le plan en est ingénieux et la construction générale en est bonne ; seulement, on voit que c'est là un ouvrage fait à la hâte, et ne possédant rien de ce qui distingue un travail achevé ; les murs de terre n'ont pas assez d'épaisseur, surtout du côté de la ville, par où les Chinois pensaient sans doute n'avoir rien à craindre ; les fossés sont trop étroits et pas assez profonds, les créneaux trop nombreux.

Il y avait dans l'intérieur du fort, des sortes de piéges à bombes, heureusement découverts avant qu'ils aient pu faire des victimes ; ces bombes, du calibre de 32, étaient disposées dans des trous de terre de manière à éclater lorsqu'on marchait au-dessus d'elles. L'armement de cet ouvrage défensif était à peu près nul, et ne se composait que de quatre pièces en bois des plus inoffensives. Sur la principale porte d'entrée du fort, se trouvait une inscription chinoise qui signifiait : « La mer rend cette position imprenable. » Cette inscription au moins présomptueuse faisait naïvement sourire nos troupiers, dès qu'ils en avaient l'explication. Peh-tang a été à peu près mis au pillage, et c'était plaisir que de voir les Français fourrager à qui mieux mieux dans des tas de soie et de bijoux.

Deux jours après notre arrivée, il n'était pas un soldat qui ne fut habillé en Chinois de la tête aux pieds ; on eût dit une mascarade.

Presque à chaque coin de rue, l'on trouvait d'immenses magasins de cercueils, ce qui, joint à la multitude innombrable de tumuli dont la plaine est semée, m'a fait croire qu'on mourait plus en Chine qu'ailleurs.

Cependant, le général en chef désirait savoir d'une manière positive à quoi s'en tenir sur les positions avancées de l'armée ennemie. En conséquence, une reconnaissance offensive, sous les ordres du général Collineau, fut poussée du côté des Tartares par une partie des troupes de la 2e brigade. On ne tarda pas à se trouver en présence d'un corps nombreux de cavalerie, qui fit bonne contenance et envoya dans nos rangs un assez grand nombre de projectiles qui blessèrent qnelques-uns des nôtres. Deux obusiers de montagne, arrivés à propos déterminèrent la retraite de l'ennemi. L'on put, dans cette journée, acquérir la conviction que les Chinois nè pourraient jamais nous opposer une résistance sérieuse, à cause de l'infériorité de leurs armes.

Le séjour de Peh-tang devenait pourtant de plus en plus incommode à toute l'armée; les cadavres d'animaux, les débris de toute nature accumulés dans les rues étaient devenus autant de foyers d'une infection pestilentielle; tout était prêt : le commandant en chef français et le général anglais résolurent de quitter dès le 12 août ce cloaque immonde. L'on avait fait deux lieues à peine, lorsqu'on rencontra les Tartares; l'attaque fut vive, le canon gronda, les fusées grincèrent, les balles firent crépiter l'air de leurs sifflements, mais la résistance fut molle, et ces fiers cavaliers mandchoux battirent

en retraite au triple galop, dès qu'ils eurent vu fou-
droyer sous leurs yeux quelques-uns des leurs.

Nous poursuivîmes ainsi l'ennemi jusqu'à un
grand camp retranché, flanquant le village de Sin-Kô,
point intermédiaire entre les ouvrages du Peï-ho et
et Peh-tang ; ce camp venait d'être évacué, et nous
l'occupâmes sans la moindre résistance de la part
d'un ennemi démoralisé déjà. De notre bivouac,
nous apercevions parfaitement les fortifications
formidables de la rive gauche, entre autres le
fort de Tang-Kou, en avant de la bourgade de ce
nom. Le général de Montauban nous accorda la
journée du 13 pour nous reposer, et nous promit
une attaque sérieuse pour le 14 ; nous nous y pré-
parâmes gaiement.

Le 14, dès trois heures du matin, le café était
pris partout, et dès cinq heures toutes les lignes
alliées étaient en mouvement.

La tête de colonne française était formée par le
2e bataillon de chasseurs à pied, suivi du 101e de
ligne et de la 2e brigade ; notre héroïque artillerie
précédait le tout et, protégée par deux compagnies
de chasseurs, elle avait ouvert son feu à 700 ou
800 mètres de la place. La colonne anglaise, suivant l'habitude de sa nation, avait choisi le chemin
le plus commode, le sol le moins défoncé, au milieu
de toutes ces lagunes à demi noyées, et était allée
se ranger *confortablement* en bataille devant la
seule des faces de l'ouvrage dont l'accès ne fût
point défendu par un fossé ; l'artillerie anglaise
était lourde, ses boulets étaient lourds, son atta-

que fut lourde ; elle fut britannique. Messieurs
d'Outre-Manche entrèrent l'arme au bras, après
avoir enfoncé une porte.

Pendant ce temps-là, notre artillerie légère de
4 mitraillait le mieux du monde, et nos 1,500
braves, après avoir franchi un fossé large de 2
mètres, rempli d'eau, arrivèrent d'assaut au cri de:
Vive l'Empereur! jusqu'au cœur de l'ouvrage.....
Mais les Anglais y étaient arrivés aussitôt qu'eux.....
il n'y avait eu de leur côté qn'une porte à enfoncer,
et, je le répète, ils étaient 4,000 !!!

Les pertes de l'ennemi furent sérieuses, les
nôtres furent presque nulles et les résultats étaient
magnifiques : nous tenions la clef des positions. On
laissa la garde de l'ouvrage à un détachement anglais, et nous regagnâmes Sin-Kô. Le lendemain
était le 15 août; c'était la fête de l'Empereur! Cette
fête, si chère à tout soldat de France, était en
outre une sorte d'évocation des souvenirs de la
patrie absente, et nous la saluâmes tous comme la
consécration de la victoire de la veille et comme
l'augure heureux de nos succès futurs.

IX

Un pont sur le Peï-Ho. — M. Jaurré-Guiberry et ses marins.
— Combat acharné. — Les chasseurs surviennent. — Impétueuse attaque. — Les Tartares reculent. — Le camp
des jardins. — Paradis terrestre. — Les pêches. — Les
fleurs. — Nouvelle attaque. — Résistance désespérée. —
Elan des Français. — Le général en chef chinois se coupe
la gorge. — Les voltigeurs du 102e — Le tambour Faschard. — Carnage horrible. — Encore les Anglais !!!

Cependant, l'on songeait sérieusement, aux deux
états-majors généraux à jeter un gigantesque pont
sur le fleuve, pour relier les deux rives de manière à pouvoir, quand l'instant serait venu, atta-
quer dans de bonnes conditions de réussite les
ouvrages de la rive droite, mieux établis et plus
redoutables que ceux de la rive gauche; mais,
pour atteindre ce but, il fallait avant tout faire
passer sur des embarcations des troupes qui pus-

sent protéger d'une manière efficace la construction du pont contre toute tentative de l'ennemi.
Le 18 au matin, le capitaine de frégate Jauré-
Guiberry reçut l'ordre de prendre avec lui 100
marins du corps de débarquement, et de gagner
avec eux la rive droite du Peï-ho sur des jonques
prises à cet effet. A peine était-elle passée, que
cette poignée de monde fut reçue à coups de canon
et de fusil par des corps nombreux embusqués
dans des bouquets d'arbres et dans un gros village;
mais, grâce à l'offensive énergique prise par les
matelots, ces troupes, presque toutes de cavalerie, ne tardèrent pas à se replier en arrière
dans une vaste plaine unie comme un champ de
manœuvres et aux abords de laquelle ils avaient
plusieurs batteries cachées. Là ils se formèrent en
ligne de bataille, ligne immense et dont le centre,
débordé par les deux ailes, laissait voir clairement
le projet conçu par l'ennemi d'envelopper par un
mouvement rapide les Français et de les massacrer
ensuite.

L'habileté de M. Jauré-Guiberry sut faire échouer
leur tentative; mais bientôt, néanmoins, il se vit
tellement engagé, tellement harcelé par un ennemi
cent fois supérieur en nombre, qu'il crut devoir
faire demander du renfort. Aussitôt 30 clairons son-
nèrent la marche des chasseurs, et tout le bataiil-
lon, plein d'entrain, partit au pas gymnastique
pour dégager les matelots.

L'on passa le fleuve comme l'on put, tant bien
que mal, et nous arrivâmes sur le terrain du com-

bat. Il n'était que temps ! Les marins n'avaient plus de cartouches, ils n'avaient pas mangé depuis la veille, et l'ennemi devenait d'instant en instant plus hardi, plus pressant. La face des affaires ne tarda pas à changer : les chasseurs, déployés en tirailleurs, sortaient du bois de toutes parts et débordaient en courant dans la plaine ; ni balles, ni biscaïens, ni boulets, n'arrêtèrent un seul instant l'élan des assaillants. L'ennemi s'arrêta tout d'abord, déconcerté par cette impétueuse attaque ; nos décharges successives et bien dirigées commencèrent à le faire reculer, et bientôt sa retraite ressembla beaucoup à une déroute. Nous avions les honneurs de la journée : nous lui avions tué beaucoup de monde, et de notre côté, quelques hommes seulement étaient tombés morts ou blessés. Le résultat de la journée était bon ; nos communications avec les deux rives étaient assurées ; nous étions solidement établis.

Notre camp fut dressé dans des jardins tous couverts de la végétation la plus riche, de la verdure la plus tendre ; des pêchers magnifiques laissaient retomber sur nos tentes leurs branches ombreuses, surchargées de magnifiques pêches veloutées ; de frais berceaux de vigne nous montraient d'hyperboliques grappes de raisin doré ; enfin d'énormes poires, de belles prunes violettes et de rouges jujubes, ne nous laissaient plus au milieu de tant de fruits, que l'embarras du choix. Nous étions tellement accoutumés à la vue désolée de Pehtang et de ses environs, que ce fut pour nous une délicieuse surprise, que tous ces fruits, tous ces arbres, toutes ces fleurs.

A force de nous rouler dans l'herbe verte, sur le gazon parfumé de cet Éden chinois, nous finîmes par ne point trouver trop fausses les dénominations de *Paradis des Fleurs*, de *Terre du lotus*, prodiguées à leur pays par les habitants du Céleste-Empire.

Le 21, au matin, nous nous éveillâmes au grondement du canon : les troupes de la deuxième brigade, aux ordres du général Collineau, attaquaient les autres forts de la rive gauche, concurremment avec une brigade anglaise. L'artillerie fit des prodiges, l'infanterie fit des miracles. Cette fois, l'ennemi était décidé à une résistance désespérée, et ce ne fut que pouce à pouce, que pied à pied, qu'il céda le terrain devant le magnifique élan de nos troupes, si peu nombreuses pourtant. Tous les obstacles possibles avaient été accumulés pour rendre impraticable un assaut sérieux. Quand nos pièces eurent accompli leur tâche de destruction, on lança hardiment en avant notre faible colonne, précédée par le général Collineau, qui fit preuve dans cette attaque, d'une grande vigueur d'action, et d'une rare énergie. L'on franchit les fossés, les échelles s'appliquent contre le mur de toutes parts, et l'on voit des soldats, des Français, monter péniblement un à un, la baïonnette en avant, et tomber renversés sous des projectiles de toutes sortes, au moment d'atteindre le sommet ! Les blessés et les morts étaient immédiatement remplacés par de nouveaux assaillants, aussi hardis, aussi intrépides que les premiers. Une héroïque compagnie de voltigeurs du 102ᵉ voit presque tous ses hommes et ses officiers hors de combat. La lutte devenait sanglante, il fallait en finir. Se repliant sur elle-même par un dernier effort, la colonne se précipite de nouveau plus terrible, plus furieuse encore! Le tambour Faschard, du 102ᵉ, soutient une lutte d'une héroïque inégalité, et arbore le premier les couleurs de la France sur les remparts ennemis. L'ouvrage était à nous, nos soldats n'avaient plus qu'à terminer avec quatre ou cinq mille Tartares, qui hésitaient à se rendre malgré la mort de leur commandant en chef. Le carnage fut horrible!... Il n'y eut pas de quartier... tout passa au fil de la baïonnette!... Ce fut alors, que les Anglais survinrent bravement au pas ordinaire, en nous prodiguant des *goddem* (1), dont, à la rigueur, l'on eût pu se passer.

(1) Des *goddem* d'admiration.

X

Cette fois le pavillon tricolore avait fièrement montré le chemin au drape au britannique... cette fois comme toujours, comme partout !

Nos pertes étaient sérieuses, mais les résultats de l'affaire parurent tout d'abord avoir des conséquences si décisives, que l'on regrettait moins le sang répandu.

Cette sanglante défaite, avait complétement découragé un ennemi, qui avait employé dans ce combat toutes ses forces défensives; aussi, dès le soir même, le vice-roi du Pé-tchi-li répondait à la sommation des généraux alliés, par la reddition complète et sans conditions, de toutes les forteresses du Peï-ho et de la province. Cette soumission nous ouvrait la navigation du fleuve, et nous livrait l'opulente Tien-tsin, qui se trouve à vingt-cinq lieues de Pékin. Dès le lendemain même, les amiraux alliés mouillaient leurs canonnières sous les quais de la ville, et recevaient les protestations d'obéissance de tous les mandarins.

Le 29, les troupes recevaient l'ordre de quitter Sin-kô pour se rendre à Tien-tsin, où nous arrivâmes tous le 31, après deux journées d'une marche pénible, dans des routes poudreuses, sous un soleil brûlant.

Des commissaires chinois, munis, disaient-ils, de pleins pouvoirs, étaient venus à Tien-tsin, au-devant du baron Gros et de lord Elgin, pour arrêter les bases d'un traité dont ils garantissaient la ratification. Malgré l'apparente bonne foi de ces envoyés, l'on ne tarda pas à s'apercevoir qu'ils n'étaient autre chose que des mannequins diplomatiques, dont la mission consistait à faire traîner les choses en longueur, et à endormir nos ministres, sans jamais rien conclure. Par ces retards, par ces délais interminables, ils espéraient nous surprendre par l'hiver, très-rigoureux dans le nord, et nous forcer ainsi à suspendre les hostilités au moins jusqu'au printemps. Leurs conditions étaient inadmissibles pour la plupart; ils demandaient, par exemple, à ce que les troupes servant d'escorte, lorsqu'on irait à Pékin pour la ratification du traité, s'y rendissent sans armes. Ce fut ce jour là, que le baron Gros répondit au commissaire chinois : « Apprenez qu'un soldat français ne se sépare pas plus volontiers de son arme, qu'un Chinois de sa queue. »

Les négociations étaient rompues, la mauvaise foi des diplomates du Céleste-Empereur devenait évidente ; ce fut alors, que la première brigade du corps expéditionnaire, reçut l'ordre de marcher sur Pékin. Au bout de quatre journées de marche, nous rejoignîmes les Anglais, qui occupaient la ville de Plé-a-you. Nous avions déjà pu remarquer la physionomie de plus en plus hostile des localités à mesure que nous approchions davantage de la capitale ; au contraire des habitants de Tien-tsin et des environs, ceux des pays que nous traversions, évacuaient en masse leurs villes et leurs villages, qui nous offraient toujours l'image désolée, de l'abandon et de la terreur.

Nous comprenions, comme par instinct, qu'une armée nombreuse devait être devant nous, entraînant tout avec elle, et n'attendant qu'une occasion opportune, pour écraser par le nombre cette poignée d'aventuriers barbares. Cependant, des courriers de la cour céleste, dépêchés à Ho-si-you, où nous avions séjourné, entament des négociations nouvelles, à la suite desquelles une seconde suspension d'armes est conclue. Il fut convenu que les généraux alliés et les ambassadeurs, suivis du moins de monde possible, se rendraient à Tang-tcheou, à quatre heures de Pékin. Là devaient être arrêtées définitivement les bases du traité, dont la ratification aurait lieu dans la capitale même, en présence des généraux, de quelques officiers supérieurs et d'une faible escorte de cavalerie.

Une colonne anglaise assez forte, le 2e bataillon de chasseurs à pied, une compagnie de grenadiers du 101e et une batterie d'artillerie, quittèrent donc Ho-si-you, le 17 septembre, pour se rendre au point désigné ; l'on arriva le soir au bivouac sans encombre.

Le lendemain 18, à six heures du matin, les troupes se remirent en marche, les Français tenant la tête de la colonne.

Arrivés à environ trois kilomètres du village de Chang-kia-wan, l'on commença à apercevoir de nombreuses vedettes tartares, galopant ventre à terre dans tous les sens, et semblant porter des ordres sur les divers points d'une ligne très-étendue. Au même instant, le capitaine Chanoine, de l'état-major général, arrivait de Tang-tcheou, où il était allé la veille porter des propositions nouvelles, accompagné du colonel Granchamp, de l'intendant Dubut, de M. d'Escayrac de Lauture et de l'abbé Duluc, interprète du général en chef. Cet officier paraissait fort peu rassuré et s'attendait à une attaque, surtout voyant que les officiers qui l'avaient accompagné le 17 n'étaient pas de retour, et se trouvaient prisonniers sans nul doute.

Le général anglais, sir Hope-Grant, et M. de

Montauban, résolurent d'envoyer un parlementaire pour savoir ce dont il s'agissait. Le parlementaire fut reçu à coups de canon. Les tartares attaquaient, nous devions nous défendre. L'infanterie anglaise et les sikhs, le détachement de chasseurs d'Afrique, les chasseurs à pied et une compagnie de grenadiers du 101e, soutinrent l'affaire glorieusement. Après trois heures d'une lutte acharnée, l'ennemi cédait le terrain, laissant le champ de bataille couvert de ses morts et de ses blessés. Une armée forte de 15,000 hommes avait été mise en déroute par 2,500 Européens.

Le soir, nous campions à Chang-kia-wan, où le reste de la 2e, brigade, partie de Ho-si-you, vint nous rejoindre le 19.

XI

Pa-li-kiao. — Les escadrons Mandchoux. — Soixante mille Tartares ! — Le général Collineau. — Les chasseurs à pied. — San-kolin-sin. — On forme le carré. — Courage de l'ennemi. — Acharnement de la lutte. — Le pont de Pa-li-kiao. — Héroïque résistance. — Les parapets volent en éclats. — Une noyade dans le canal. — Les soldats chinois aiment mieux mourir que d'être prisonniers. — Reconnaissance de Pékin.

Le 21, nous nous mîmes en marche, laissant Tang-tcheou sur notre droite, pour passer le pont de Pa-li-kiao, couvert des deux côtés par les troupes du sennwang (commandant en chef chinois).

Dès sept heures et demie, les deux armées étaient en présence.

D'un côté, un peu de cavalerie anglaise, une faible brigade d'infanterie française, et une artillerie peu nombreuse ; de l'autre, ces innombrables escadrons tartares, escadrons aguerris, et complétement dévoués à leur empereur, dont ils sont la garde.

L'on voyait à la tête de ces cavaliers d'élite, de fiers mandarins agitant des drapeaux, et excitant leurs troupes au combat terrible qui se préparait.

Les 4e et 5e compagnies de chasseurs, formaient, avec deux pièces de 12, l'avant-garde de la colonne française, et se trouvaient sous les ordres du brave général Collineau.

L'ennemi, formé en une immense ligne de bataille, ne tarda pas à exécuter par ses deux ailes un mouvement convergent, n'ayant d'autre but que celui de nous envelopper. Cette manœuvre, habilement tentée, jointe à la régularité des lignes tartares, dénotait la présence d'un chef expérimenté, qui n'était autre que le senn-wang lui-même (Sangh-kolin-sin). Les troupes anglaises avaient la gauche de l'attaque, les Français devaient enfoncer le centre et la droite. Le gros de notre colonne composé du 101e de ligne et des six autres compagnies de chasseurs à pied, se trouvait encore à environ 1800 mètres de l'ennemi, lorsque celui-ci, sur un signal donné, chargea, au grand galop, notre avant-garde et la droite des Anglais. La moindre hésitation nous eût perdus, aussi n'hésitâmes-nous pas : sans reculer d'un pas, sans rompre d'une semelle, les deux compagnies de chasseurs démasquent les pièces d'artillerie et forment deux carrés menaçants; les sabres-baïonnettes brillent au bout des carabines, et un terrible feu de deux rangs s'engage. Au même instant, et avec plus de promptitude que la pensée, les deux pièces se mettent en batterie, et vomissent à mitraille sur d'épaisses masses de cavaliers, qui tournoient et tombent sous une pluie de fer.

Les deux autres pièces de 4, la batterie de 12 et deux obusiers s'étaient avancés en toute hâte; alors ces fiers cavaliers mantchoux s'arrêtèrent hésitants, sous un déluge d'obus, envoyant dans tous les sens leurs éclats mortels ; ils ne battaient pas en retraite toutefois, et ils recevaient froidement une mort qu'ils ne cherchaient pas à éviter par le seul moyen en leur pouvoir, la fuite.

Ces magnifiques troupes tartares, nous eussent écrasés si elles eussent eu des armes sérieuses, mais que pouvaient-elles faire en plaine, avec quelques mauvaises lances, d'informes sabres rouillés et des fusils à mèche, contre l'artillerie rayée, la tactique européenne et les carabines Minié ?

Cependant, la lutte continuait plus vive sur notre droite, où, aux efforts de la cavalerie, étaient venus se joindre ceux d'une infanterie d'élite ; on comprenait que l'ennemi jouait sa dernière partie, une partie désespérée, dont soixante mille de ses plus braves étaient l'enjeu. A la droite comme à la gauche de l'attaque, la victoire nous resta, et les troupes chinoises se précipitèrent sur le pont de Palikiao, qu'elles passèrent, et de l'autre côté duquel, le senn-wang organisa instantanément une héroïque résistance. L'artillerie de 12, en batterie à 50 mètres en avant du pont, ne tarda pas à le couvrir de mitraille et de morts ! Les parapets de granit volaient en éclats, la position n'était pas tenable, et l'ennemi fut forcé, encore une fois, de céder le terrain à une compagnie de la ligne et à deux compagnies de chasseurs, qui s'élancèrent sur le pont au pas gymnastique, la baïonnette en avant. Pendant ce temps, les compagnies d'avant-garde, aux ordres du général Collineau, accomplissaient une terrible tâche de destruction sur les fuyards qui, n'ayant pu arriver à temps au pont, cherchaient à traverser le canal à la nage. Là, nous en tuâmes plus de 300 ! J'eus lieu de me convaincre, ce jour-là, que les Tartares préféraient de beaucoup la mort à la perspective d'être faits prisonniers : l'un d'eux, pris par un chasseur, se précipite la poitrine la première sur le fer de sa lance et se perce d'outre en outre. Un autre, se voyant entouré, saisit un grand sabre, s'adosse à un arbre, et désignant de la main droite la place du cœur, il fait signe de viser au bon endroit, si l'on ne veut pas qu'il vende chèrement sa vie, au premier qui tenterait de le faire prisonnier ; dix balles le foudroyèrent.

Le combat était fini ; il durait depuis sept heures du matin et il était midi. Nous passâmes le pont, et le soir, nous étions tous confortablement installés dans les tentes du senn-wang, dont la déroute avait été telle, qu'il n'avait pas même eu le temps de faire lever son camp.

Le succès de Palikiao, joint au profond découragement de l'ennemi, nous ouvrait les approches de Pékin, dont nous n'étions plus qu'à 12 kilomètres,

Une magnifique chaussée de granit relie Tang-tcheou à la capitale du Céleste-Empire. Les deux combats du 18 et du 21 septembre avaient à peu près vidé nos caissons d'artillerie, et nous fûmes forcés d'attendre à Palikiao, l'arrivée de munitions nouvelles, et des troupes de la deuxième brigade, qui ne tardèrent pas à arriver de Tien-tsin à marches forcées. Il eut été imprudent d'aborder Pékin, dont les défenses étaient peu ou point connues, sans le concours de toutes nos forces, bien peu nombreuses même, pour une aussi hasardeuse entreprise. Un soir, à dix heures, nous reçûmes l'ordre de nous tenir prêts à pousser une reconnaissance pour le lendemain matin, dès quatre heures ; nous devions être soutenus, en cas d'attaque, par un bataillon du 101e et par deux pièces d'artillerie. Le caractère offensif de cette reconnaissance, montrait assez que l'on s'attendait à rencontrer l'ennemi à peu de distance. A l'heure dite nous quittions Palikiao, et nous nous engagions sur la chaussée, qui devait nous conduire jusqu'aux portes mêmes de cette ville mystérieuse, où jamais une armée Européenne n'avait osé songer à pénétrer !

XII

Deux compagnies de chasseurs déployés à droite et à gauche de la route, protégeaient les deux flancs de la colonne; un escadron d'artillerie à cheval ouvrait la marche. Le chef d'escadron d'état-major Campenon, qui commandait, était décidé à marcher jusqu'à la rencontre des forces tartares, qu'il supposait campées dans les environs. Nous nous avançâmes ainsi, pendant près de trois heures, jusqu'à ce que nous vîmes s'élever devant nous, à environ

5

500 mètres, les murailles crénelées de la capitale
chinoise. Pékin était devant nous, adossé à la haute
chaîne de montagnes qui sépare la Chine de la Tar-
tarie. Dans mes jeunes années de collége, j'avais
souvent rêvé à cette ville immense, à peu près in-
connue, et à cette merveilleuse grande muraille dont
je n'étais plus qu'à quelques lieues; mon rêve devenait une réalité, et j'étais presque fier de penser
que je faisais partie du petit nombre de ceux qui
pourraient dire plus tard : « J'étais à Pékin. »

Cependant, l'on ne voyait nulle part la plus petite
trace du moindre cavalier mandchou, et nous étions,
l'arme au pied, au bout des faubourgs de la ville,
sans que personne parût seulement songer à nous
inquiéter ; une population immense nous entourait
curieusement.

M. Campenon s'était détaché avec une escorte de
cinq artilleurs, et était allé reconnaître une porte
qui se trouvait devant nous ; personne ne songea à
le déranger, et il prit tranquillement des notes. A
son retour, cet officier supérieur, exalté par le succès d'une reconnaissance aussi hardie, voulait tenter de forcer la porte, et d'entrer dans la place avec
les six compagnies de chasseurs dont M. de la Po-
terie avait le commandement ; le bataillon du 101e
et deux pièces, étaient restés à quatre kilomètres
en arrière.

On avait beau lui représenter qu'on ne prend pas
une ville de 2 millions d'habitants avec 600 hommes,
qu'il voulait néanmoins tenter ce coup de main ; il
consentit pourtant à aller reconnaître les défenses

une seconde fois, promettant de ne pas nous faire avancer s'il découvrait le moindre danger. A peine était-il parti, que nous le vîmes revenir au triple galop, poursuivi par un peloton de cavaliers tartares, qui se contentèrent de lui donner la chasse jusqu'à une certaine distance. Nous reprîmes alors le chemin de Palikiao, où nous arrivâmes sans encombre.

Peu de jours après, les troupes alliées se mettaient en mouvement et marchaient sur Pékin, en suivant une route stratégique étudiée et choisie par les deux commandants en chef.

Le soir du premier jour, l'on bivouaqua à 2 ou 3 kilomètres des murs. Le lendemain matin, c'est-à-dire le 6 octobre, l'armée anglo-française se mit en marche par des routes différentes, bien décidée à tourner entièrement Pékin, à en fouiller tous les environs, et à savoir d'une manière positive à quoi s'en tenir, relativement à l'armée ennemie.

Cette opiniâtre recherche des troupes chinoises fut complétement infructueuse, et l'on put se convaincre que, dégoûtés des combats en plaine depuis Palikiao, les soldats du Fils du Ciel nous attendaient derrière leurs formidables murailles. Enfin le soir, après treize heures d'une marche des plus pénibles, la colonne française arriva, presque sans le savoir, dans les dépendances du palais de Yuen-min-yuen, résidence d'été de l'empereur de Chine.

Le 7 octobre, au réveil, les soldats ne furent pas peu surpris de se trouver bivouaqués au milieu de magnifiques allées, de charmantes promenades, avoisinant l'impériale demeure.

De tous côtés l'on ne voyait que portiques de marbre, que monstrueux lions de pierre, que Chimères grimaçantes; l'on se sentait chez le Fils du Ciel. Cependant, pour éviter des scènes prématurées de désordre et de pillage, le général avait soigneusement interdit l'entrée du palais aux soldats, voulant sauver les objets d'art des atteintes, quelquefois par trop gothiques, de nos troupiers émancipés au milieu de tant de richesses. Ce ne fut donc qu'après une ronde préalable de l'état-major général et des officiers de tout corps, qu'il fut permis aux profanes en épaulettes de laine, de toucher aux richesses entassées dans ce palais enchanté.

J'ai vu les Tuileries, Saint-Cloud, Versailles et Trianon, mais rien de tout cela ne peut donner l'idée, même la plus faible, de Yuen-min-yuen, cette féerique réalisation des *Mille et une Nuits!* Des colonnades de cristal, des escaliers de marbre rose, de l'or, du jaspe, du porphyre, d'indescriptibles lustres de jade, des tableaux, de géantes glaces vénitiennes en guise de plafonds, de riches pendules à musique jouant d'elles-mêmes de suaves mélodies aussi variées et aussi nombreuses que les pendules elles-mêmes, de fines sculptures courant en filets gracieux sur les moulures délicates des encadrements, d'éblouissants colliers de perles, des boîtes d'or, des statuettes d'argent éparses, formaient un ensemble que la plume est impuissante à décrire et que l'imagination ne saurait guère se figurer?

Le pillage commença, accompagné de ces scènes

comiques ou grotesques que les soldats français savent faire naître. Infanterie et chasseurs parcouraient le palais, armés de bâtons de mandarin, de piques dorées, de jonques d'argent de la valeur de 400 francs, et ils se servaient de ces divers instruments pour briser les glaces, les pendules, les statues, et, en un mot, tout ce qu'ils ne pouvaient emporter ; d'autres, chaussés de bottes de satin et coiffés de casques enrichis de perles et de brillants, se promenaient facétieusement accoutrés aux dépens de Sa Majesté Céleste.

Il paraît que la cour, surprise par l'arrivée de notre avant-garde, allait se mettre à table lorsqu'on lui apprit qu'elle n'avait que juste le temps de se sauver par les petites portes.

En passant dans la salle à manger de l'empereur, quelques troupiers avisèrent un repas tout frais servi, et ils n'eurent rien de plus pressé que de faire honneur aux mets que l'auguste personnage n'avait pas eu le temps d'entamer. Ils s'en donnèrent à cœur joie autour de cette table impériale; ils mangèrent avec les baguettes d'or du Fils du Ciel, et burent dans sa coupe de jade de nombreuses rasades d'un vin de jujube délicieux...

Chacun se chargea ainsi pendant deux jours, de tous les objets de valeur qu'il put emporter. Les simples soldats, assez peu connaisseurs, se trompaient quelquefois dans leur choix, et se *laissaient tromper toujours dans leurs transactions*... En un mot, ce pillage, qui eût dû enrichir tout le corps expéditionnaire, n'a enrichi que quelques exceptions peu consciencieuses.

Le 9 octobre, de grand matin, en quittant Yuen-min-yuen pour exécuter une contre-marche straté-gique, on mit le feu à ce palais magnifique, merveille de la Chine, et tous les chefs-d'œuvre de la patience et de l'art, entassés là depuis des siècles, par les membres de l'orgueilleuse dynastie mandchoue, s'abîmèrent dans l'incendie! C'étaient les représailles de la trahison du 18 septembre.

De nombreux pourparlers, avaient lieu quotidiennement entre les envoyés chinois et le baron Gros; dans toutes ces entrevues, il avait été d'abord question de la remise des prisonniers de Tang-tcheou; les négociateurs de la cour céleste éludaient toujours cette question, ou n'y répondaient que d'une manière évasive, surtout en ce qui concernait le colonel Grandchamp et l'intendant Dubut; d'autre part, les Tartares ne voulaient à aucun prix entendre parler de l'entrée de l'armée alliée dans l'enceinte de Pékin.

En conséquence, le siége de la capitale de l'empire du Milieu fut résolu et la tranchée ouverte; les travaux furent poussés aussi activement que pouvait le permettre la faiblesse de nos moyens; une batterie couverte, armée de pièces de douze, avait été construite sous l'intelligente direction de M. de Bentzman, colonel commandant l'artillerie. De leur côté, les Anglais avaient mis la dernière main à leurs préparatifs, et l'armée n'attendait plus que l'heure désirée, où il allait lui être donné de tenter cette aventureuse attaque d'une ville immense! L'ennemi, à qui l'on avait accordé un dernier délai de grâce, comprit, sans nul doute, que la résistance ne ferait qu'attirer sur lui de nouveaux malheurs, car, à l'expiration de ce délai, les portes de Pékin s'ouvrirent comme d'elles-mêmes, et le voile mystérieux qui avait couvert jusque-là, cette cité orientale tomba, devant les baïonnettes de quelques soldats de France.

L'une des principales portes fut confiée à la garde d'un bataillon français et de troupes britanniques. Nos armes avaient triomphé de tout, et l'on était enfin parvenu à frapper au cœur, le vaste empire de ce prince orgueilleux, qui se croit le suzerain de toutes les puissances du globe ! !

Cependant nos prisonniers, dont on ignorait le sort, étaient toujours le sujet intéressant de toutes les conversations : enfin, l'on annonça un jour qu'ils venaient d'être rendus ; mais, hélas ! dans quel état l'avaient-ils été !

De MM. Grandchamp et Dubut, il ne restait plus que les cadavres putréfiés ! Plusieurs soldats, aussi prisonniers, avaient subi le même sort ; quant à ceux qui avaient eu la chance de nous revenir vivants, que de supplices ils avaient soufferts ! Ceux qui ont lu la lettre de M. d'Escayrac de Lauture au sujet de sa captivité, ont pu s'en faire une faible idée.

XIII

Le 24 octobre, le traité de paix avait été conclu
entre l'Angleterre et la Chine ; le 25 eut lieu la
même solennité entre la France et le Céleste-
Empire. Le traité fut signé dans un grand yamoun
de la ville tartare, tout près du palais impérial ; le
prince Kong, frère de l'empereur Hien-Fung, avait
pris sur lui la responsabilité de cet acte, dont il
garantissait la ratification.

Hien-Fung, jeune homme adonné aux orgies et à la
débauche, abandonnait depuis longtemps à son
frère Kong tout le poids des affaires, et ce lourd

fardeau a déjà laissé sur la figure spirituelle et douce du jeune prince, la soucieuse empreinte de la méditation et de la fatigue.

Les troupes françaises en grande tenue et en armes, formaient la haie dans la rue, jusque dans l'enceinte où avait lieu cette cérémonie diplomatique; quelques escadrons de cavaliers tartares faisaient la police aux abords du yamoun; ils étaient sans armes, en témoignage de leur confiance. Le baron Gros aborda courtoisement le prince et lui tendit la main, que celui-ci saisit avec empressement, non sans pâlir un peu. Le général en chef vint ensuite à son tour saluer le plénipotentiaire chinois, qui l'examina attentivement et lui rendit assez froidement son salut. En le voyant, il ne pouvait sans doute s'empêcher de penser un peu trop à Takou, à Chang-kia-wan, à Pa-li-kiao et à Yuen-min-yuen; il se disait certainement que le *senn-wang* français était autrement habile que le prince *Sangh-Kolin-Sin*, son *senn-wang* à lui. On passa le traité au prince Kong, qui le lut attentivement; ses yeux se mouillèrent, il haussa imperceptiblement les épaules, en jetant un coup d'œil circulaire aux mandarins militaires qui l'entouraient, et, faisant sur lui-même un assez visible effort, il signa.

Au même instant, une salve française de vingt et un coups de canon était tirée en mémoire de cette solennité.

Les Français, en pénétrant dans Pékin, avaient espéré voir d'indescriptibles merveilles: leur espoir fut à peu près déçu ; ils ne virent que quelques monuments remarquables et une ville, immense il est vrai, mais aussi sale, aussi sordide, aussi misérablement bâtie que n'importe laquelle des autres villes chinoises. A mon sens, Tien-tsin, est plus beau et d'un plus riche aspect que Pékin ; du reste, je ne suis pas le seul de cet avis. Il est vrai de dire qu'en Chine il faut peu ou point s'en rapporter à l'apparence extérieure ; une allée boueuse, une porte basse, servent souvent d'entrée à de somptueuses demeures, où se trouvent accumulées toutes les inutilités de l'existence, toutes les superfluités de la vie ; à Pékin, l'on voit cela plus que partout ailleurs.

Pourtant, le froid devenait chaque jour plus piquant, et tout le monde commençait à ressentir désagréablement ses atteintes ; le canal, qui, jusqu'alors, avait assuré nos communications avec Tien-tsin, allait être glacé et, partant, l'arrivage des convois de vivres allait devenir impossible. Toutes les affaires étaient réglées. Les corps de nos prisonniers, exhumés et rendus, avaient reçu une sépulture chrétienne dans un antique cimetière catholique, fondé vers la fin du dix-septième siècle par des jésuites portugais ; la cérémonie, présidée par Mgr. Mouly, évêque du Pé-tche-li, était des plus imposantes, et son allocution chaleureuse, lors de la réouverture de la magnifique église catholique fermée depuis longues années, avait arraché des larmes de bien des yeux.

Rien ne nous retenait plus, et nous quittâmes

Pékin le 1ᵉʳ novembre. Les six journées de marche que nous employâmes pour nous rendre à Tien-tsin, ne nous offrirent aucun incident remarquable. L'accueil des habitants fut sympathique ; ils paraissaient presque contents, de contempler en nous les soldats qui avaient abaissé la fierté orgueilleuse de leur tyrannique empereur.

Nulle part, en Chine, nous n'avions eu les vivres à aussi bon marché qu'à Tien-tsin : la plus belle volaille, la plus grosse poule, ne coûtait pas plus de 25 centimes ; un lièvre énorme ne dépassait pas ce prix, et l'on avait jusqu'à quinze et seize sarcelles pour 5 francs. Le prix de la viande de boucherie n'était pas plus élevé, et l'on avait du mouton magnifique pour fort peu d'argent.

Tien-tsin et Tang-tcheou sont les deux plus belles villes que j'aie vues en Chine, et je doute fort qu'à part Nankin, Sou-tchéou et Canton, l'on puisse trouver mieux.

Nous eussions été heureux, de séjourner le plus longtemps possible dans cette opulente cité, mais le général en chef en décida autrement, et la première brigade, dont les chasseurs faisaient partie, reçut l'ordre de s'embarquer pour Shang-haï le 11 novembre.

Notre station dans la rade du Peï-ho fut rendue très-longue par des circonstances qu'on n'avait pu prévoir, et ce ne fut que le 7 décembre, que nous descendîmes à Woo-Sung, pour de là nous rendre à pied à Shang-haï, où nous arrivions quelques heures après. Les quartiers européens que nous traversâmes d'abord frappèrent agréablement notre vue par la régularité de leurs quais, la largeur de leurs rues, la riche élégance de leurs constructions ; depuis longtemps nous étions déshabitués de la vue de pareil spectacle, et il nous sembla que nous allions trouver là un petit coin de notre France.

Mais nous ne fîmes que traverser cette ville marchande et affairée, pour aller nous enfoncer, à 3 kilomètres plus loin, dans le sombre et puant dédale des faubourgs de la ville chinoise ; nous étions placés là comme une sorte de grand'garde, chargée de surveiller et de prévenir toute tentative offensive, de la part des rebelles du Ché-kiang.

XIV

Cependant, nos troupiers, privés depuis plusieurs
mois de jouissances de toutes sortes et des plaisirs
de la table, eurent vite trouvé le chemin de la
ville européenne, où grâce à leurs piastres et à
leurs lingots, ils étaient parfaitement reçus; chaque jour, des sommes folles étaient ainsi follement
dépensées.

Il n'était pas rare de trouver dans les rues de
longues files de palanquins bleus, occupés par des

chasseurs en goguette, envoyant au public des grimaces par la portière, et suivis d'une bande de musiciens chinois, s'évertuant à qui mieux mieux sur d'énormes gongs retentissants et sur les cordes criardes d'aigres violons. C'étaient de véritables mascarades.

Les restaurants, les filous du quartier américain et les *bateaux de fleurs*, eurent bientôt raison des dépouilles de *Yuen-min-yuen*.

Shang-haï est déplorablement peuplé (je parle toujours de la ville européenne.)

Les concessions américaines et espagnoles surtout, ne sont qu'une caverne de brigands où il est peu prudent de s'aventurer la nuit ; forçats français, pirates grecs, meurtriers italiens, déserteurs russes, tagals de Manille, tels sont les habitants de cette sentine, où le revolver et le poignard règnent en souverains. Il y a aussi quelques dames d'Amsterdam et de Londres, qui viennent de fort loin, vendre *très-cher* des choses qui se vendent mieux en Chine qu'ailleurs.

Méfiez-vous de ces pécheresses, aux yeux d'azur et au sourire rose !

La ville chinoise n'offre rien de bien remarquable : elle est entourée de hautes murailles crénelées, très-anciennes, et dont la construction peu savante, offrirait une résistance assez insignifiante à une attaque sérieuse. Il règne à Shang-haï un commerce très-actif de thé, de coton et de riz, dont se chargent annuellement bon nombre de navires et des milliers de jonques, qui transportent dans le nord les productions du midi. Toutefois, il est une plaie profonde qui ronge cette ville ; cette plaie, c'est une misère lépreuse, sordide, hideuse, s'attachant impitoyablement aux classes inférieures du peuple, qui, chaque hiver, meurt de faim en masse.

Tous les matins au réveil, nous trouvions devant la porte de notre quartier quelques malheureux, morts pendant la nuit de froid et de besoin! A chaque pas, dans les rues, l'on heurte des cadavres que l'incurie de la police chinoise laisse parfois plusieurs jours à la même place, et devant lesquelles la foule passe indifférente et froide.

A part les membres de leur famille, qu'ils aiment avec dévouement, les Chinois font profession entre eux d'un égoïsme tellement monstrueux, que l'on a de la peine à se l'expliquer.

Quand un homme riche voyait l'un de nos soldats faire l'aumône à quelque mendiant, il le regardait curieusement et riait d'une action qu'il lui était impossible de comprendre.

La religion catholique a pourtant beaucoup fait à Shang-haï, grâce à l'apostolique intervention de nos saints missionnaires, qui font en faveur des pauvres et des infirmes, des sacrifices quotidiens que leur permettent à peine leurs faibles ressources.

Le R. P. Ravary, de la Compagnie de Jésus, avec qui j'avais lié d'affectueuses relations, avait formé un petit cercle familier, où les chasseurs pouvaient aller chaque soir lire et causer ; j'ai passé de bonnes heures dans le magnifique établissement de Tong-ka-dou, en compagnie de ce saint prêtre, à l'humeur tolérante, aux saillies vives, à la verve spirituelle et piquante. Je me souviendrai longtemps de lui, des bons Pères ses émules en charité, et de leur charmante succursale de Si-ka-wé, où de jeunes lévites indigènes, sont dignement préparés aux saints ordres. Avant notre arrivée de Pékin, les rebelles qui depuis longtemps déjà occupent Nankin, Hang-tcheou, Sou-tcheou, Ning-Pao, etc., avaient attaqué Shang-haï, d'où ils avaient été repoussés, grâce à une écrasante pluie de fer dont la frégate *la Forte* les avait gratifiés ; ils avaient saccagé Si-ka-wé sur leur passage, et Tong-ka-dou avait un peu souffert.

Comme je témoignais un jour mes inquiétudes au père Ravary, sur ce que les rebelles pourraient faire après notre départ : « Que voulez-vous ! me dit-il, nous nous attendons à tout ; s'ils nous tuent, il en viendra d'autres ; s'ils nous brûlent une église, nous en rebâtirons deux, et tout sera dit. »

Dans le principe, ces rebelles, soulevés par un prince de l'ancienne dynastie chinoise, se proposaient d'abord un but louable, celui de renverser la dynastie Mandchoue et de reconstituer intacte, sur les ruines de cette fière race tartare, leur antique nationalité.

Mais bientôt ces nobles idées disparurent ou s'atténuèrent, sous l'influence corruptrice de l'intrigue et de la cupidité ; des aventuriers européens se sont introduits en grand nombre dans l'armée rebelle, où ils disposent de la plus grande partie des commandements ; un ex-sous-officier français dont le nom a fait un certain bruit en 1848, aurait, dit-on, dans cette armée, le grade d'officier supérieur.

Il est dommage que les rebelles, très-nombreux du reste, ne soient pas restés fidèles à leur mission; un grand avenir leur était réservé.

Le siége de ce gouvernement révolutionnaire est à Nankin, qu'ils possèdent depuis neuf à dix ans, ainsi que toute la riche province qui en dépend.

Le 19 janvier, le deuxième bataillon de chasseurs *seul* mettait sac au dos, et s'embarquait pour la Cochinchine, où l'attendaient de nouvelles fatigues et de nouveaux lauriers!

FIN.

Paris, Lib. — Humbert, Imprimeur à Mirecourt.